AF337744

L'ISTHME DE SUEZ

ET LA

QUESTION D'ORIENT

POLITIQUE DE L'ANGLETERRE ET DE LA RUSSIE

TRAITÉ DU 15 JUILLET 1840

PAR

M. RAOUL BOUDON

PARIS

E. DENTU, LIBRAIRE-ÉDITEUR

PALAIS-ROYAL, GALERIE D'ORLÉANS, 13.

1860

L'ISTHME DE SUEZ

ET LA

QUESTION D'ORIENT

Cé travail a paru en décembre 1844, dans le journal la *Démocratie pacifique*. Il nous paraît offrir encore aujourd'hui un assez grand intérêt d'actualité, pour que nous nous décidions à le publier de nouveau sous forme de brochure.

Depuis longtemps, la diplomatie anglaise met en usage toutes les ressources de son génie, pour forcer le pacha d'Égypte à lui concéder une voie de communication entre Alexandrie et Suez.

Tous les efforts de sa politique en Orient tendent évidemment vers ce but; le traité du quinze juillet auquel nos hommes d'état n'ont rien compris, n'avait pas d'autre cause.

Aujourd'hui on commence à entrevoir le but caché que

poursuit la Grande-Bretagne en Égypte. Personne ne doute plus qu'elle cherche à s'y rendre maîtresse de l'Isthme. Quant aux intérêts positifs qui poussent le gouvernement anglais dans cette voie d'envahissement, *généralement ils sont mal compris, et partant mal expliqués.*

Sans nous arrêter aux causes, de différente nature, auxquelles on peut attribuer la prépondérance maritime de l'Angleterre, nous allons analyser rapidement les bases sur lesquelles repose actuellement cette prépondérance, et signaler les changements, qu'apportera, nécessairement, dans la position commerciale et maritime des diverses nations de l'Europe, le percement de l'isthme de Suez.

Les échanges, entre l'Europe et les autres continents, se font, en grande partie, par mer et par deux routes principales : l'une part des mers européennes, cotoie l'Afrique, double le cap de Bonne-Espérance, puis remonte vers le détroit de Bab-el-Mandelb et aboutit en Asie, dans les mers de l'Inde et de la Chine. L'Angleterre a pour ainsi dire le monopole des transports par cette voie.

L'autre qui part également des côtes de l'Europe, descend l'Atlantique, cotoie la côte orientale des deux Amériques, et se perd au milieu des iles de l'Océan Pacifique après avoir doublé le cap Horn et longé les côtes du Pérou et du Chili. L'Amérique, la France, la Hollande, l'Espagne, au moyen de leurs colonies, font concurrence à la marine anglaise sur cette seconde route, mais la concurrence des États Unis est seule redoutable pour elle.

Si l'Angleterre monopolise, de fait, les transports sur la route maritime qui unit l'Europe à l'Asie Méridionale, cela dépend principalement des nombreux établissements coloniaux et militaires qu'elle possède sur toute la longueur de cette route, et qui, outre les ports de refuge et les relâches économiques, qu'ils offrent à ses nombreux navires, présentent encore, à l'allée et au retour, des facilités de chargements, de déchargements et d'échanges que n'ont point les marines des autres nations de l'Europe.

L'Angleterre restera d'autant plus facilement en possession de ce monopole, que la distance entre l'Europe et l'Asie Méridionale sera plus grande ; car cette grande distance rend plus chanceuses et plus coûteuses les opérations commerciales aux marines qui sont obligées de faire le trajet directement, et qui n'ont point, comme les navires anglais, la certitude de trouver, au terme de leur expédition, un placement facile de leurs marchandises et des cargaisons assurées de retour, soit pour des colonies intermédiaires, soit pour la métropole.

Ces marines ne peuvent évidemment pas essayer de faire concurrence à la marine anglaise, quels que soient la protection et les priviléges qu'on leur accorde dans leur propre pays. La marine anglaise se trouve donc, par ce fait, naturellement pourvue de presque tous les transports maritimes auxquels donne lieu le commerce des autres nations européennes avec le continent asiatique.

Il est bien certain, en outre, qu'un grand developpement de commerce maritime peut seul procurer au gouvernement anglais des ressources assez considérables, pour pouvoir entretenir continuellement à la mer, ces nombreuses escadres de surveillance prêtes à donner, en tous parages, une protection et des secours aussi prompts qu'efficaces à la marine marchande.

Personne n'ignore enfin que les équipages de ces escadres, toujours utilement occupées, sont entretenus par un personnel formé et exercé de longue main à la navigation de long cours, et que c'est cette navigation de long cours qui forme l'élément principal de la richesse et de la force maritime de l'Angleterre.

Ces points admis, voyons quels pourront être les résultats de la canalisation de l'Isthme de Suez.

La distance moyenne, entre les divers ports de l'Europe et ceux de l'Indo-Chine, est d'environ quatre mille lieues; et la majeure partie des navires qui parcourent, chaque année, cette distance, appartient à l'Angleterre, comme nous l'avons déjà dit.

La canalisation de l'Isthme de Suez raccourcissant la route actuelle de l'Inde à la Méditerrannée de plus des deux tiers, il est évident que le tiers des navires employés aujourd'hui à l'échange des marchandises entre l'Europe et l'Asie, suffira pour transporter la même quantité de marchandises, et que le surplus restera sans emploi.

Si l'on remarque que l'Angleterre fait actuellement ce commerce presqu'entièrement à elle seule, que par conséquent cette réduction porterait, en presque totalité, sur l'élite de son personnel et de son matériel naval ; sur cette navigation de long cours, qui sert de principal support à sa puissance ; on comprendra qu'il est assez important pour elle, de conserver la route la plus longue, sur laquelle elle n'a aucune concurrence à redouter, qui entretient le matériel le plus considérable, le personnel le plus nombreux et le mieux exercé.

Mais, comme ce n'est pas seulement la ligne de communication avec l'Inde et la Chine qui se trouverait raccourcie par l'ouverture de cette nouvelle voie ; que la route de l'Océan pacifique le serait aussi dans une assez forte proportion ; qu'avec ces facilités nouvelles pour la navigation, presque toutes les marines de l'Europe pourraient, selon leurs moyens, faire concurrence à la marine anglaise ; il s'ensuit que la Grande-Bretagne verrait la plus grande partie de sa navigation de long cours frappée dans son existence.

La diminution du fret sur les marchandises allant d'Europe en Asie, *et vice versa*, ne serait donc nuisible qu'à la marine anglaise, qui supporterait cette réduction presque à elle seule.

A ne considérer que les intérêts exclusifs de l'Angleterre, cette puissance a tout à gagner à l'élévation du prix du fret entre toutes les contrées de l'Europe et de l'Asie, du moment, où aucune marine ne peut donner ce fret à meilleur marché que la marine anglaise, du moment où celle-ci n'a pas à redouter de concurrence dans l'avenir, du moment, en un mot, où elle peut rester seule maîtresse des transports entre les deux continents. Elle profite seule, en effet, de tous les avantages de cette augmentation de prix, sans en subir le contrecoup fâcheux; puisqu'elle ne consomme pas le quart des marchandises qu'elle transporte.

Bien qu'en disent nos publicistes, *l'Angleterre n'a donc pas intérêt* au percement de l'Isthme, elle a au contraire *le plus grand intérêt au statu quo*, et c'est pour cela qu'*elle s'opposera autant qu'elle le pourra* à l'ouverture d'un canal à travers l'Egypte ; ce qui viendrait lui enlever des avantages *que la possession même exclusive de ce canal ne lui compenserait pas.*

Qu'on jette maintenant les yeux sur la carte de l'Europe, et que l'on considère attentivement la position de la Méditerranée, où vont aboutir désormais toutes les grandes routes du globe : qu'on se figure l'Europe tout entière reliée avec cette mer centrale par des voies navigables et des chemins de fer ; ne voit-t-on pas toutes les marines du centre de l'Europe prendre soudain un essor prodigieux

et faire, de toutes parts, concurrence à la marine anglaise ?

Par suite de la concentration de ce grand mouvement commercial dans la Méditerranée, Constantinople, Athènes, Smyrne, Trieste, Venise, Naples, Gênes, Marseille, Barcelonne, Alger, etc., deviennent les premiers entrepôts du monde.

Quant à la Grande-Bretagne, placée à l'extrémité de l'Europe et loin de ce vaste mouvement dont mille lieues la séparent, elle ne peut plus prétendre au monopole maritime. On ne pourra plus dire alors avec M. Thiers, que c'est à sa position géographique que l'Angleterre doit la souveraineté des mers.

Mais pourquoi, nous dira-t-on, l'Angleterre cherche-t-elle à obtenir du pacha d'Egypte un droit de passage à travers l'Isthme de Suez, si ce n'est pas pour y établir une route de transit ?

Nous répondrons que c'est uniquement pour empêcher que d'autres nations n'en établissent une. Au reste, il ne faut pas confondre les propositions faites par le gouvement anglais au pacha d'Egypte, avec les démarches de quelques spéculateurs guidés seulement par leur intérêt particulier.

Le gouvernement anglais a un intérêt politique majeur à pouvoir correspondre avec l'Inde le plus promptement possible ; il en est de même pour le commerce qui trouve un avantage incalculable à être prévenu deux ou trois mois à l'avance, de l'arrivée d'un navire, ce qui lui permet de s'occuper, longtemps à l'avance, du placement de sa cargaison, etc., etc.

Enfin, pour tout ce qui concerne la traite des affaires, plus les moyens de communication seront rapides entre l'Inde et l'Angleterre, et plus celle-ci en retirera d'avantages de toutes sortes. Or, c'est cela, et cela seulement, que le gouvernement anglais cherchera à obtenir en Égypte.

Quant aux marchandises, en supposant que le gouvernement anglais n'ait pas un interêt politique de premier ordre à les faire passer par la route la plus longue; il lui importerait peu qu'elles fissent le trajet entre Londres et Calcutta en deux mois au lieu de six, pourvu qu'aucune autre marine ne pût faire ce trajet plus promptement que la sienne.

En résumé, pour ce qui concerne les affaires administratives, les négociations commerciales, la translation des voyageurs, des correspondances et des troupes, le cabinet de Saint-James mettra tout en œuvre pour accélérer les moyens de communication entre l'Angleterre et l'Inde.

Mais qu'on ne s'y trompe pas, pour ce qui regarde le transport des marchandises, principal soutien de sa puissance maritime, il fera tout ce qui dépendra de lui pour obliger celles-ci à suivre la route des caps; car il est trop clairvoyant, pour ne pas comprendre que cette route, par sa longueur, par sa position géographique, par la quantité d'escales anglaises qu'elle dessert, est essentielle à la conservation du monopole maritime que l'Angleterre exerce aujourd'hui dans les cinq parties du monde.

Sans doute, la diminution des frais de transport fera augmenter la consommation des produits asiatiques en Europe et donnera lieu à un plus grand mouvement commercial ; mais ce n'est plus l'Angleterre qui profitera exclusivement de cet accroissement, puisque sa position sera nécessairement moins favorable pour les échanges internationaux que celle des nations qui avoisinent la Méditerranée.

Il est évident, enfin, que, du moment où les grandes routes du globe aboutiront à la Méditerranée, il ne se fera plus guère dans tout le nord de l'Europe qu'un commerce de cabotage, et que l'Angleterre, concentrât-elle entièrement ce commerce entre ses mains, n'en verra pas moins son monopole maritime anéanti pour toujours.

Concluons de tout ceci, que les hommes d'État anglais qui voient juste et loin, quand les intérêts de leur domination sont en cause, ont déjà calculé toutes les conséquences de l'établissement d'un canal maritime entre la Méditerranée et le golfe arabique ; qu'ils comprennent fort bien, que cette nouvelle voie commerciale établirait une sorte d'égalité proportionnelle entre toutes les marines de l'Europe, et que, par conséquent, le monopole maritime qu'ils exercent aujourd'hui sans conteste, serait frappé par sa base.

Il est donc certain que l'Angleterre ne se prêtera pas de bonne grâce à l'établissement d'une voie navigable entre Alexandrie et Suez, et qu'il faut, dès à présent, se préparer à combattre l'opposition, ouverte ou dissimulée, qu'elle ne manquera certainement pas de faire à cette grande entreprise.

Mais de quel droit l'Angleterre prétendrait-elle à l'empire absolue des mers? De pareilles prétentions ne seraient vraiment pas justifiables, et le jour où elles seraient clairement affichées par son opposition à la canalisation de l'isthme de Suez, ce jour-là l'Angleterre verrait certainement toutes les puissances se coaliser contre elle.

Que la Grande-Bretagne ne cherche donc pas à entraver par ses intrigues une œuvre de progrès et de civilisation qui, malgré tous ses efforts, se réalisera infailliblement par la force providentielle des choses; qu'elle comprenne mieux le rôle que son génie industriel et civilisateur lui assigne dans le monde: rôle assez glorieux, pour qu'il n'ait pas besoin d'être relevé par une domination exclusive de l'Océan.

L'Isthme de Suez et la Russie.

Il est un fait constant, un fait qui doit frapper tous les esprits un peu clairvoyants ; c'est le rôle de plus en plus prépondérant que joue le commerce dans la politique extérieure.

Prenez au hasard une des questions pendantes de politique internationale, partout et toujours vous trouverez au fond, si vous ne la voyez flotter à la surface, la question commerciale.

Au fond de la question d'Orient, il y a donc aussi une question de commerce que personne en France ne semble comprendre, et c'est sur cette question que les cabinets de Londres et de Saint-Pétersbourg ont pu tomber momentanément d'accord lors du traité du 15 juillet 1840, tout en restant divisés sur la question politique.

Depuis la décadence maritime du Portugal, de l'Espagne, des États de Gênes et de Venise, le commerce s'est pour ainsi dire entièrement concentré dans le nord de l'Europe.

La Manche, la mer du Nord et la Baltique sont entourées des plus vastes entrepôts du monde, placés eux-mêmes au centre du plus vaste foyer industriel qui ait jamais existé.

Pierre le Grand comprit que la première chose à faire pour développer dans ses Etats le commerce, l'industrie, les arts, la civilisation, en un mot, c'était de placer sa capitale à portée des rayons de ce soleil civilisateur naissant ; il fonda Saint-Pétersbourg, qui, en moins d'un siècle, est devenue une des places de commerce les plus importantes de l'Europe.

C'est dans le cercle que nous venons de décrire, que s'accomplit en grande partie l'échange des marchandises asiatiques et européennes.

La Russie, et principalement les provinces de Moscou et de Saint-Pétersbourg, possèdent aujourd'hui de nombreux établissements industriels dont les produits ne sauraient être placés en totalité à l'intérieur, où les besoins de consommation encore peu développés, sont satisfaits en grande partie par l'industrie manuelle du paysan. Il faut donc que la grande industrie vende ses produits à l'extérieur.

Mais comme ces produits sont en général plus chers et moins bien confectionnés que ceux des industries d'Allemagne, de Belgique, de France et d'Angleterre, ils ne peuvent trouver de débouchés que dans certains pays placés plus à portée des fabriques russes que de celles des autres Etats européens, et où ces dernières, par suite de leur éloignement et de l'élévation des frais de transport, perdent tous les avantages d'une production plus parfaite et plus économique.

Ce n'est pas tout, le commerce ne se fait avantageusement que par échange, et de même que la Russie n'offre pas de débouchés suffisants aux produits de ses manufactures, de mêmes les marchandises qu'elle rapporte de l'étranger ne peuvent être entièrement consommées chez elle.

Pour pouvoir être placées à l'extérieur, il ne faut pas que ces marchandises soient grevées de frais de transport plus considérables que celles rapportées des mêmes pays par le commerce des autres nations.

Supposez maintenant, que toutes ces conditions indispensables à l'industrie et au commerce de la Russie, soient subordonnées à la conservation de la grande route maritime des Indes par les Caps, il ne paraîtra plus étonnant alors que la politique de Londres et de Saint-Pétersbourg soient d'accord en Orient sur ce point particulier.

Eh bien, c'est précisément ce qui a lieu aussi dans la question du percement de l'Isthme de Suez; nous allons le démontrer.

Les pays qui servent actuellement de principaux débouchés aux fabriques russes, sont la Perse, la Boukarie, la Tartarie et les provinces septentrionales de l'Inde et de la Chine.

Ce commerce s'effectue avec la Perse par Astrakan sur la mer Caspienne et par d'autres ports de la mer Noire, d'où les marchandises sont dirigées sur Tauris et sur Trebizonde.

Avec la Tartarie, par Astrakan et par Orenbourg, d'où les marchandises sont transportées par caravanes sur Kiva, Boukara, jusque dans le Kaboul.

Avec la Chine, par Kiatchta, Inskumrk, Ourga sur Péhing. La Russie exporte dans ces divers pays des tissus de lin et de chanvre, des cotonnades, des draps, des pelleries, des cuirs, etc. Elle en rapporte des soies, des matières tinctoriales, des tissus de soie, des toiles de nankin, des châles, des tapis, du thé et autres produits de la Chine et de l'Inde.

On peut juger de l'importance que le gouvernement russe attache à ce commerce par l'expédition qui fut dirigée en 1838 contre le khan de Khiva, malgré toutes les difficultés que présentait une pareille entreprise dans un pays presque désert, où les transports ne pouvaient s'effectuer qu'à dos de cheval ou de chameau, où l'armée avait à braver, outre les attaques de l'ennemi, les rigueurs du climat et le manque de provisions.

Cette expédition si difficile, si dispendieuse, n'avait d'autre but que d'assurer aux caravanes russes une solide garantie contre les entraves et les vexations qu'elles éprouvaient de la part des habitants de ces contrées. On sait que cette expédition réussit complétement.

La route maritime, qui unit l'Europe aux provinces méridionales de l'Asie, présente plus d'avantage que ces routes intérieures au commerce qui se fait jusqu'à une certaine distance des côtes ; mais elle est beaucoup trop longue, pour que la voie de terre ne soit pas préférée, pour les échanges qui s'effectuent avec les provinces du Nord.

Il est impossible que ces deux lignes commerciales se fassent concurrence, puisqu'elles ne communiquent pas aux mêmes contrées, qu'elles ne mettent pas en rapport les mêmes populations, et que sauf certaines marchandises de retour, comme le thé, elles ne mettent pas en circulation les mêmes produits.

Elles n'ont toutes deux qu'une seule et même chose à craindre, c'est qu'il ne s'ouvre, entre l'Europe et l'Asie, une troisième route, plus facile et plus courte, qui vienne leur enlever la majeure partie des transports.

La route par les caps, qui garantit à l'Angleterre le monopole des transports par mer entre l'Europe et l'Asie, assure donc en même temps, à la Russie, le monopole des transports par terre.

Que maintenant il s'établisse une ligne de communication directe entre la mer Rouge et la Méditerranée, ligne qui serait de deux tiers plus courte que la route maritime actuelle et qui mettrait en concurrence avec la voie de terre, passant par la Russie, une voie navigable de moindre longueur ; n'est-il pas évident qu'en même temps que toutes les marines de l'Europe viendraient faire concurrence à l'Angleterre pour le commerce de l'Indo-Chine, non-seulement le commerce russe en Asie, mais encore l'industrie manufacturière de ce pays, qui perdrait la majeure partie des seuls débouchés qui lui soient accessibles, recevraient une notable atteinte.

Ainsi, l'établissement d'une voie navigable entre Alexandrie et Suez porterait un préjudice considérable au commerce actuel de l'Angleterre et de la Russie, cela n'est pas douteux. Ces deux puissances ont donc des intérêts commerciaux qui peuvent s'accorder parfaitement en Orient, intérêts qui, dans l'état actuel des choses, sont complétement opposés à ceux des autres nations européennes. Voilà ce qu'il est important de constater.

Cette opposition est-elle la conséquence nécessaire des vrais intérêts de la Russie ? nous ne le pensons pas !

De même que Pierre-le-Grand sut recueillir tous les avantages qu'il y avait à relier ses États avec le centre commercial et civilisateur du nord de l'Europe, en construisant une seconde capitale qui fût à sa portée ; de même l'empereur Nicolas doit se préparer aussi à faire profiter son empire du grand mouvement commercial, que doit nécessairement ramener dans la Méditerranée, le per-

cement de l'isthme de Suez, en fondant une nouvelle capitale sur les bords de la mer Noire.

Cette nouvelle capitale, située dans un pays fertile,
sous un climat chaud et salubre, sera bien plus rap-
prochée du centre commercial de la Méditerranée que
ne l'est Saint-Pétersbourg du mouvement commercial
de la Manche et de la mer du Nord. Les glaces ne l'en
sépareront point, comme Saint-Pétersbourg, pendant six
mois de l'année.

Enfin, cette capitale, en attirant autour d'elle la po-
pulation, développera promptement dans ces contrées, aujourd'hui désertes et incultes, l'agriculture, l'industrie,
le commerce, les arts, qui en resserrant, par des liens plus
étroits, les populations aujourd'hui éparses et isolées des
provinces du Midi, y développeront rapidement ce sentiment d'unité nationale, sans lequel, l'étendue seule du
territoire sera toujours, pour l'empire des czars, plutôt
une cause de faiblesse qu'un élément de force et de puissance (1).

La Russie aurait donc tort d'entraver, pour un avantage médiocre et momentané, une entreprise qui, si elle le
veut, sera tout aussi profitable à son commerce et à son
industrie qu'à ceux des autres nations, et devra, au

____

(1) La prise de Sébastopol est venue corroborer, douze ans après,
la justesse de cette opinion.

contraire, dans un intérêt bien entendu, joindre ses efforts
à ceux des autres États de l'Europe centrale pour en
hâter la réalisation.

Traité du 15 juillet.

Le traité du 15 juillet, présenté par l'Angleterre et par la Russie aux autres puissances, était un fait tellement singulier, qu'il était bien permis de supposer que cet accord chevaleresque en faveur de l'intégrité de l'empire ottoman avait pour but de protéger en Orient des intérêts russes et anglais bien plutôt que des intérêts turcs.

Quels pouvaient-être ces intérêts ?

Tout le monde sait que la politique russe tend incessamment à reculer les frontières méridionales de l'empire jusqu'au Bosphore.

Ce but poursuivi avec autant de sagacité que de persévérance par les czars, est une chose si bien connue ; la diplomatie russe a même pendant longtemps si peu cherché à le dissimuler ; qu'on ne comprend pas bien tout d'abord comment le traité du 15 juillet, qui pose en principe l'intégralité de l'empire ottoman, peut être favorable à cette politique de conquête.

Mais si l'envahissement de la Turquie est le but ultérieur de la politique moscovite, il n'est pas moins réel que chaque fois que cette politique se manifeste un peu ouvertement, elle rencontre instantanément de nouveaux obstacles, et que, grâce à la paix cimentée en Europe entre les autres grandes puissances, le vaste plan de conquête rêvé et poursuivi par tous les czars est, nous l'espérons du moins, plus éloigné d'une réalisation qu'il ne le fut jamais.

Forcée ainsi d'ajourner indéfiniment ces projets d'envahissements en Turquie, la diplomatie russe, avec cette habileté, cette supériorité de tactique, dont tant de fois déjà elle a donné des preuves, a voulu s'assurer au moins tout le mérite de cet ajournement, et tâcher de le faire profiter à ses intérêts commerciaux et industriels, pour lesquels, il faut lui rendre cette justice, elle ne recule devant aucun sacrifice.

Lorsque Constantinople renfermait un gouvernement fort, capable de maintenir l'ordre et la paix entre les populations si diverses de l'Orient, l'Angleterre et la Russie ont cherché à l'affaiblir par tous les moyens possibles.

On excita à la révolte les populations chrétiennes de l'empire; on forma une coalition contre lui, sous prétexte de les affranchir de la barbarie, et enfin on lui enleva les provinces grecques, après avoir englouti sa flotte tout entière à Navarin.

Ce coup mortel a été porté à l'empire des sultans par ces mêmes puissances qui prétendent aujourd'hui le ressusciter, et le rendre à la civilisation, avec le traité du 15 juillet.

L'Angleterre trouvait alors à ce démembrement des avantages commerciaux, et la Russie des facilités de conquêtes.

Or, la puissance des sultans détruite à Constantinople renaissait au Caire sous l'influence du gouvernement éclairé et progressif de Mehemet-Ali.

L'Angleterre, toujours dans un intérêt commercial exclusif, ne voulut pas permettre qu'il s'élevât en Egypte un pouvoir intelligent et fort, capable de disputer avec elle les conditions d'un passage par l'Isthme; elle ne voulait pas non plus qu'il pût faciliter aux autres nations des communications entre l'Europe et l'Asie par la Syrie et la mer Rouge, ce qui pouvait nuire à son monopole maritime.

La Russie ayant aussi un intérêt commercial et industriel à empêcher l'établissement d'un pareil état de choses en Egypte, a donc pu s'entendre facilement avec l'Angleterre, et le traité du 15 juillet fut conclu.

Mais le véritable but de ce traité, il faut oser le dire, n'était pas d'assurer l'intégrité de l'empire ottoman, mais bien de ruiner la puissance du pacha d'Egypte, et de jeter le désordre et l'anarchie dans les provinces de l'Asie mineure, afin d'y anéantir du même coup l'industrie et le commerce de transit. On sait maintenant si ce double but a été atteint.

Ce traité conclu sans la participation de la France, lord Palmerston détacha sir Charles Napier de l'escadre en station dans la Méditerrannée, pour aller bombarder Saint-Jean-d'Acre, et chasser les troupes égyptiennes de la Syrie. Ibrahim repassa le Jourdain avec son armée en déroute.

L'émir Béchir, le seul homme peut-être qui fût capable de maintenir la paix entre les Musulmans et les chrétiens du Liban, fut enlevé et retenu à Malte en charte privée. On envoya à sa place un évêque protestant, et la bible fut ajoutée ainsi à ces deux autres brandons de discorde, l'Evangile et le Koran.

On peut dire avec toute justice que la politique de lord Palmerston a importé la misère et organisé l'anarchie dans ces malheureux pays.

Le prince de Metternich dépêcha, de son côté, l'amiral Bandiera, qui fit rebrousser, à coups de canon, les marchandises qu'on chargeait à Trébizonde, à Smyrne et à Beyrouth sur des navires autrichiens à destination de Fiume et de Trieste; il n'en vient guère à Venise...

Quant à MM. Thiers et Guizot, pétrifiés d'étonnement

à la nouvelle de ce traité fait à leur insu et sans leur participation, ils restèrent coi.

Le premier, tout étourdi, au lieu de profiter de la supériorité de la flotte française pour s'opposer à cette expédition de Saint-Jean-d'Acre, indigne d'une nation civilisée, rappela à Toulon notre escadre prête à se mesurer contre l'escadre anglaise, et décréta par ordonnance les fortifications de Paris.

M. Guizot, plus calme, plus stoïque et plus réfléchi, ne vit dans sa mésaventure qu'une bonne occasion pour remplacer M. Thiers, auquel il succéda, en effet. Aussi, trois mois après, pour donner le change sur cette entente anglo-russe dont il avait été si honteusement la dupe, M. Guizot déclarait-il à la tribune « que tout le monde » s'était trompé dans la question d'Orient; que l'Angle- » terre s'était trompée elle-même en sacrifiant, à des in - » térêts mercantiles, ses véritables intérêts politiques. »

Il est peut-être facile de se consoler d'un pareil échec diplomatique, quand on obtient en compensation le portefeuille des affaires étrangères; mais il est moins facile de tromper l'opinion.

M. Guizot aurait été plus vrai, s'il avait dit que cette expédition de Saint-Jean-d'Acre était une honte pour la politique anglaise, et que c'était une tache pour celle de la France de n'avoir pas su l'empêcher.

Quant à nous, nous ne savons pas ce que M. Guizot

entend par ces intérêts politiques de l'Angleterre qui seraient, à ce qu'il paraît, contraires à ceux de son commerce maritime ; mais ce que nous savons, c'est que ces
intérêts commerciaux ont toujours servi de boussole à la
politique de tous ses gouvernements, et que depuis 1815,
aucun acte de cette politique n'a été plus favorable à ces
intérêts égoïstes, que cette expédition de Saint-Jean-
d'Acre, entreprise en faveur de la barbarie contre la civilisation.

Cette expédition n'a pas été moins avantageuse au
commerce de la Russie. Nous allons le prouver par des
documents officiels.

Il ne se fait plus aujourd'hui par les routes de l'Asie-
Mineure aucun commerce de transit.

Le peu de produits importés maintenant dans ce pays
y sont consommés en totalité. Si l'importation des produits, principalement des produits anglais, y a augmenté
depuis 1840, c'est simplement parce que l'expédition
anglo-autrichienne, en rallumant les discordes intérieures,
y ruina l'industrie de fond en comble, et Dieu sait com-
bien d'années cet état de choses durera encore, si l'on ne
change pas de politique à l'égard de la Turquie.

Une partie des marchandises qui transitaient avant
1840 par ces contrées n'y étant plus en sûreté, a dû suivre
la route du cap de Bonne-Espérance, et l'autre les routes
d'Astrakan et de Kiakta. Si cette supposition n'est pas

erronée, les documents officiels doivent constater un ac-croissement notable dans le commerce de l'Angleterre avec l'Indo-Chine et dans celui de la Russie avec l'Asie centrale. Consultons ces documents.

Le commerce de la Grande-Bretagne avec les Indes anglaises, l'île Ceylan, les Indes néerlandaises, la Chine, la Perse, l'île Maurice, les îles Philippines a occupé :

En 1839,   838 navires jaugeant ensemble 364,193 tonneaux.
En 1840,   906 navires   »   »   405,793   —
En 1841, 1.246 navires   »   »   538,433   —

·Ainsi, le commerce entre l'Angleterre et l'Asie par la route du cap de Bonne-Espérance, qui n'avait augmenté en 1840 que de 68 navires jaugeant 41,600 tonneaux, s'est accru en 1841, malgré la guerre que l'Angleterre avait alors avec la Chine, de 340 navires jaugeant 432,640 tonneaux, c'est-à-dire qu'après le traité du 15 juillet, la progression a été trois fois plus considérable qu'auparavant, quand, au contraire, le commerce *direct* de la Chine avec les autres nations restait stationnaire, ainsi que le prouvent les mêmes documents officiels.

Passons maintenant au commerce de la Russie :

Les marchandises étrangères apportées sur les différents marchés de la Russie par les marchands forains, ne sont pas considérées, par les documents officiels, comme mar-chandises de transit. Ils ne considèrent comme telles que celles qui séjournent dans les entrepôts en destination des pays étrangers. Cette distinction réduit nécessairement le transit officiel à fort peu de chose ; néanmoins, on peut juger par ces chiffres, quelque faibles qu'ils soient, de la progression qu'a suivie le commerce de transit, en Russie, pendant ces dernières années.

En 1839, il atteignait le chiffre de 848,000 fr.
En 1840,   —   —   826,000 fr.
En 1841,   —   —   1,995,000 fr.
après l'expédition anglo-autrichienne.

Enfin, le commerce avec la Chine qui, importations et exportations comprises, n'avait jamais dépassé, avant 1840, le chiffre de 18 millions, s'est élevé tout à coup, en 1841, à 62 millions.

Il en a été de même pour l'exportation des produits manufacturés du pays, qui du chiffre de 29 millons qu'ils n'avaient jamais dépassé avant 1840, ont atteint, en 1841, 41 millions.

Comment expliquer cet énorme accroissement du commerce russe et anglais en Asie, quand ce même commerce, avec toutes les autres nations d'Europe et d'Amérique, est resté presque stationnaire ? La cause en est tout entière dans le traité du 15 juillet.

L'exécution de ce traité, en jetant le désordre et l'anarchie dans les provinces de l'Asie-Mineure, comme nous l'avons déjà dit, a barré le passage aux marchandises de transit pour l'Europe et pour l'Asie, et les a fait refluer sur les routes du cap de Bonne-Espérance et de l'intérieur de la Russie. Or, si les cabinets de Londres et de Saint-Pétersbourg n'avaient pas prévu ce résultat en bombardant Saint-Jean-d'Acre, et en enlevant la Syrie à l'administration du pacha d'Egypte, il faut convenir qu'ils ont été merveilleusement servis par les circonstances.

Nous avons démontré clairement qu'au fond de la question d'Orient il y a une question commerciale qui met en œuvre les intérêts de l'Angleteterre et de la Russie, et que ces intérêts, opposés à ceux des autres Etats européens, avaient été merveilleusement servis par le traité du 15 juillet.

Ces considérations viennent encore à l'appui de la thèse que nous soutenons, depuis longtemps, en faveur d'une alliance politique et commerciale entre la France et tous les Etats secondaires du centre de l'Europe.

En poussant de tous nos efforts à cette alliance centrale, nous n'entendons nullement prêcher une coalition, et encore moins une guerre, contre l'Angleterre ou contre la Russie. Seulement, avec l'opposition d'intérêts qui règne aujourd'hui, bien plus entre les dynasties qu'entre les peuples, nous pensons que pour garantir l'indépendance des petits États et le libre développement de leur nationalité ; pour assurer la concorde entre les grands, et en définitive le progrès et la prospérité de tous, il est indispensable d'opposer une barrière solide à la prépondérance illégitime que certaines puissances exercent sur les États secondaires, au grand détriment de la paix générale et du bien-être commun.

Nous voulons une liberté, une sécurité complète pour les petits Etats comme pour les grands, et le jour où, par une étroite union avec la France, les Etats secondaires du centre de l'Europe se sentiront assez forts pour n'avoir plus à craindre cette influence pernicieuse de l'étranger, ce jour-là, ce qu'on appelle l'équilibre européen sera fondé sur des bases indestructibles.

L'Angleterre et la Russie comprendront bientôt elles-mêmes qu'elles ont avantage à faire partie de cette vaste union dans laquelle elles trouveront aussi un plein essor à tous leurs intérêts légitimes.

En résumé, nous ne voulons pas établir sur le continent européen deux grands partis hostiles, nous cherchons, au contraire, à y fonder la paix et la concorde entre toutes les nations. Or, le seul moyen pratique qui nous paraisse pouvoir réaliser cet accord si désirable, c'est d'établir, en Europe, un centre pondérateur où viennent converger tous les intérêts, et autour duquel toutes les extrémités s'équilibrent

Qu'on nous permette d'ajouter, en 1860, quelques courtes réflexions à ces pages écrites en 1844.

Depuis cette époque, les choses ont bien changé en Russie. L'empereur Alexandre II, rompant tout à coup avec la politique traditionnelle des Czars, a préféré la gloire d'affranchir ses peuples à celle de les asservir.

Jamais, avant lui, l'histoire n'avait offert l'exemple d'un despote appelant de lui-même, et sans y avoir été contraint, ses peuples à la liberté.

Que l'empereur Alexandre II persévère dans la politique aussi grandiose que généreuse dont il vient d'inaugurer l'ère en Russie, et il peut être assuré que devant l'éclat qui en rejaillira sur son règne pâlira bientôt la gloire des plus grands conquérants qui l'ont précédé.

Autre enseignement précieux de morale et de politique !

Les deux princes qui auront illustré les plus belles pages de l'histoire contemporaine, par leur dévouement sincère au progrès et à la liberté, auront précisément débuté, dans la carrière, par être vaincus sur les champs de bataille, à Novare et à Sébastopol.

Plût à Dieu que, confondant, ici, dans un même sentiment d'estime et d'admiration, deux autres vaincus encore, notre plume impartiale pût rendre le même hommage au fugitif de Gaëte et au vaincu de Solferino.

Paris. — Imprimerie de E. Brière, rue Saint-Honoré, 257.